BONAPARTE

ET

L'ARCHIPEL TOSCAN

PAR

PAUL MARMOTTAN

AVEC UN PORTRAIT HORS TEXTE

BERGER-LEVRAULT & Cie, ÉDITEURS

PARIS
5, RUE DES BEAUX-ARTS

NANCY
18, RUE DES GLACIS

1900

BONAPARTE

ET

L'ARCHIPEL TOSCAN

(*Extrait du « Carnet de la Sabretache ».*)

BONAPARTE

ET

L'ARCHIPEL TOSCAN

PAR

PAUL MARMOTTAN

AVEC UN PORTRAIT HORS TEXTE

BERGER-LEVRAULT & Cie, ÉDITEURS

PARIS	NANCY
5, RUE DES BEAUX-ARTS	18, RUE DES GLACIS

1900

BONAPARTE ET L'ARCHIPEL TOSCAN

Au cours de ses campagnes au delà des monts, ou plutôt, au moment où, celles-ci terminées, il avait eu à organiser l'Italie, Bonaparte n'avait pas été sans méditer l'importance qu'aurait pour la France, au point de vue de sa rivalité avec l'Angleterre, la possession du cap de Piombino sur la mer Tyrrhénienne, en même temps que de Porto-Longone, situé en face dans l'île d'Elbe. Nous avions déjà presque soumis cette dernière en 1799[1], année où la République française avait déclaré la guerre à l'Empire, au royaume de Naples, enfin à la Toscane, où régnait un archiduc, frère de l'Empereur.

En effet, mille Français, conduits par Miollis et Montserrat, avaient pris possession de Porto-Ferrajo et de la plus grande partie de l'île en 1799, après l'entrée du général Gauthier à Florence, qui avait abouti au renversement du grand-duc Ferdinand III et à son remplacement par une république sur le modèle de celles que fondait le Directoire français partout où il portait ses armes. Mais cette première conquête française de l'île avec des moyens si insuffisants avait à peine duré quatre mois — exactement du 29 mars au 19 juillet 1799 — et encore n'avait-elle pas été complète, par suite de la résistance acharnée de la garnison napolitaine et des galériens de Longone (chef-lieu de la partie de l'île appartenant aux Ludovisi-Boncompagni[2], sous la suzeraineté de Naples), et surtout par

1. L'île d'Elbe comptait, en 1801, 10,400 âmes et six communes, dont deux places fortes. Napoléon attacha toujours tant de prix à la possession de l'île d'Elbe, qu'à la fin du congrès de Châtillon (mars 1814), il la fait porter par Caulaincourt comme une des dernières conquêtes qu'il ne peut abandonner.

2. Voir pièce justificative n° I.

suite du retour offensif et victorieux des Napolitains au sud contre les Français, combiné avec l'invasion des Austro-Russes au nord et au centre de la Péninsule : double événement qui mettait les Français dans une passe extrêmement critique et les forçait d'évacuer Rome et la Toscane.

L'année suivante, en 1800, les victoires de Bonaparte et de Moreau nous ayant rendu la prépondérance sur les Autrichiens, les Français revinrent en Toscane et Longone leur fut remis en vertu du traité de Florence. Porto-Ferrajo, ayant à sa tête un commandant vendu aux Anglais, résistait à son tour, mais sa capitulation, qui devait donner lieu à bien des démonstrations et à un nouveau siège [1], importait pour l'instant beaucoup moins que celle de Longone, car Porto-Longone commandait le canal méditerranéen, par où passaient les marchandises allant de France dans le Levant.

Longone était en outre le repaire préféré des Anglais dans l'Elbe, où ils aimaient tant « à revenir chaque fois qu'ils voulaient nous inquiéter en Corse, nous empêcher d'en exploiter les admirables forêts et ruiner le commerce naissant de ces insulaires ». Or, l'île d'Elbe n'est distante que de treize à quatorze lieues de la Corse et semble, ainsi que Capraja, en être une dépendance naturelle.

Le premier Consul y tenait pour ces raisons par-dessus tout. Il ne nous manquait définitivement — par suite d'un oubli de la diplomatie en faveur d'autres intérêts plus pressants — que la presqu'île de Piombino, point opposé du détroit. Aussi quand, un peu plus tard, les négociations du traité de Lunéville eurent abouti avec les différents souverains d'Italie, Bonaparte prit-il souci de Piombino.

A vrai dire, Piombino s'était lui-même trouvé compris dans les conquêtes de nos armées en 1796 et en 1798, mais par intervalles seulement ; les Français l'avaient occupé notamment du 27 mars au 9 juillet 1799, date de leur évacuation devant le retour offensif des Napolitains en Toscane. Ceux-ci y étaient rentrés le lendemain 10 juillet, mais ne le gardant pas plus d'un mois, ils l'avaient remis par capitulation le 9 août suivant aux troupes impériales, aux

1. Voyez pièces justificatives nos II, III et IV.

ordres du chevalier Marcel Inghirami. Après Marengo, les Français n'y avaient fait que passer le 27 octobre 1800 en vertu d'une capitulation; ils y étaient restés deux jours, juste le temps de constituer une garde urbaine.

En somme, le sort de cette petite principauté, bien qu'en suspens par suite des événements de la guerre d'Italie, demeurait toujours le même politiquement, tant que la diplomatie n'en aurait pas décidé. Elle appartenait, et continuait d'appartenir, malgré notre venue à main armée, aux Ludovisi; mais en fait, sinon en droit, son prince en était déjà dépouillé[1], et lorsqu'à la fin de janvier 1801, l'armée dite d'observation du Midi, commandée par Murat, pénétra en Toscane, après avoir chassé les Napolitains des États du Pape, une nouvelle convention, signée le 12 mars — appuyée péremptoirement par la pointe qu'y poussa sous ses ordres le général Lechi, avec les brigades Teulié et Sévéroli, — reconnut aux détachements français le droit d'occuper Piombino. Murat s'était en effet entendu avec sa garnison napolitaine et avait délégué un de ses officiers pour négocier l'évacuation, tandis qu'il continuait de pousser son avant-garde vers Rome, opération qui aboutit à l'armistice de Foligno (18 février 1801), puis à la paix de Florence (28 mars).

Le 16 mars 1801 (25 ventôse an IX), en effet, Talleyrand avait mandé à Alquier, ambassadeur français à Naples, de faire insérer dans le traité de paix, qui allait se conclure avec Naples, la cession des Présides et de la principauté de Piombino. Le ministre spécifiait ensuite que S. M. Sicilienne devrait en conséquence une compensation à la famille Ludovisi, titulaire de ladite principauté et nue propriétaire de la partie napolitaine de l'île d'Elbe, où se trouvaient Rio et sa riche mine de fer. Le succès des négociations engagées sur ces points amena l'abandon à la République par S. M. Sicilienne de tous ses droits dans l'île d'Elbe, dans l'État des Présides et le fief de Piombino. L'article 4 du traité signé à Florence, le 28 mars 1801 (7 germinal an IX[2]) entre les plénipotentiaires des

1. Le prince, dépossédé un peu plus tard pour faire place à Baciocchi, se retira à Rome et, vers 1809, accepta la charge toute française de trésorier de la Couronne en cette ville. Il y demeurait *Via del Corso*. (En 1811, il était aussi membre du conseil général du département de Rome.)

2. Voyez notre ouvrage : *Le Royaume d'Étrurie*, et Aff. étr. Toscane, 153° : Cacault à

deux puissances exprimait ainsi cette cession : « S. M. le Roi des Deux-Siciles renonce à perpétuité, pour elle et ses successeurs, premièrement à Porto-Longone dans l'île d'Elbe et à tout ce qui pouvait lui appartenir dans cette île ; secondement aux États des Présides de la Toscane, et elle les cède ainsi que la principauté de Piombino au gouvernement français qui pourra en disposer à son gré. »

En mai 1801, l'armée napolitaine regagna les Deux-Siciles par mer, laissant la principauté à ses nouveaux maîtres ; toutefois, ce fut seulement le 6 septembre, cinq mois après la signature du traité de paix à Lunéville, que la France en prit *officiellement* possession par l'entremise du commandant Datti[1]. Y a-t-il lieu de s'étonner de telles lenteurs? En aucune façon. Il ne paraissait pas urgent à des officiers, voire même à un général comme Murat, qui n'était pas alors initié aux secrets du premier Consul, d'attacher du prix plus que de raison à ce point pour ainsi dire perdu, et par ailleurs assez ingrat, de la Toscane. Murat, qui fut toujours aussi bon soldat que mauvais diplomate, n'agissait que par son chef et sur des ordres directs, et pour l'instant il n'avait qu'à fournir des marches, des contre-marches ou des combats. Au premier Consul était réservé le soin de prévoir les avantages politiques et maritimes qu'offraient certains points des côtes et en conséquence de faire tout son possible pour s'en assurer la clef.

Tant que les bases de cette cession n'étaient pas entrées en discussion, Murat et ses officiers en campagne ne pouvaient voir en Piombino que ce qu'en offrait la triste réalité, c'est-à-dire un pays fort peu habité, alors malsain par endroits, et une ville principale de 680 âmes, qui n'était qu'un trou, tout au plus susceptible de les tenter comme excursion, entre deux étapes, afin d'y jouir de l'ad-

---

Talleyrand (Rome, 9 nivôse an X). Voyez aussi Toscane, 151, page 178 : Talleyrand à Alquier, 24 mai 1802.

1. Toutes les dates qui précèdent ont été extraites par nous des archives de Piombino, du moins de la partie de ses archives qu'on a bien voulu lui laisser, car dès décembre 1815 et en 1816, le grand-duc Ferdinand, ayant des revendications de biens à élever sur ce territoire, fit transporter la majeure partie des papiers publics à Florence, où ils sont restés, avec les pièces relatives aux aliénations conventuelles. Nous avons pu fixer les diverses occupations militaires d'après les *Libri di consiglio* déposés à la mairie de Piombino, spécialement d'après les fascicules 354, 366, 373, 418, 7 et 189.

mirable coup d'œil sur le détroit et les Sept-Iles[1]. Toutefois, le général, au point de vue de son commandement, avait dû s'en préoccuper : il en avait écrit au ministre de la guerre. Sa lettre transmise à Talleyrand amena la réponse suivante, en date du 22 thermidor an IX (10 août 1801) : « ... L'Espagne a désiré que Piombino fût cédé au roi de Toscane comme les Présides ; mais la France n'a encore pris d'engagements formels que sur ce dernier territoire. Quelque probable qu'il soit que Piombino aura le même sort, vous pouvez continuer à l'occuper provisoirement au nom de la République qui en est la seule propriétaire, jusqu'au moment où elle s'en sera dessaisie. Quant aux renseignements que vous faites prendre sur l'étendue des revenus du prince de Piombino, je pense que, n'étant point chargés de l'indemniser, nous pouvons laisser à lui et à la cour de Naples le soin de s'occuper de ce genre de recherches... » Et le 26 février 1803, le ministre mandait encore au même Murat : « ... Tant que Piombino est à la disposition de la France, c'est à elle que les revenus de cette principauté appartiennent et il paraît convenable de ne rien changer à l'organisation actuelle de ce pays, jusqu'au moment où son sort définitif sera fixé.

« Veuillez, Général, continuer d'y faire veiller à la conservation du bon ordre et faire en sorte que l'administration y régisse les revenus et les autres propriétés publiques de la manière la plus favorable à la prospérité du pays et à la conservation de ses capitaux[2]. »

En conformité de ces instructions, Léopold Berthier, chef d'état-major de Murat, avait détaché à Piombino, en mai 1801, le chef de bataillon Blondeau, appuyé de quelques pièces d'artillerie pour traiter de l'évacuation avec les Napolitains. Blondeau s'installa dans la ville et établit son commandement sur la côte jusqu'à Orbitello[3]. Il fut remplacé, en février 1802, par un capitaine adjoint à l'état-major général, de son nom Jean Blanc, qui, dans sa proclamation du 7 du même mois adressée aux habitants de la principauté, s'an-

---

1. Ce sont : l'île d'Elbe, l'île de la Troja, Giglio, Cerboli, Monte-Cristo, Palmajola et Caprara.

2. Aff. étr. Toscane, 153, n° 27.

3. Arch. commun. de Piombino, registre du conseil et papiers appartenant à Mme Presvaux à Lyon, petite-nièce du commandant Mariotti, — à nous communiqués en 1897.

nonçait comme envoyé par le général Rivaud (alors commandant en chef en Toscane) pour faire respecter les lois et rendre justice à chacun[1].

Les Présides, situés au delà de Piombino, au sud, avaient pour capitale Orbitello, cité de 3,000 âmes, entourée de remparts, avec des forts détachés, des casernes, un hôpital, bâtie en vue d'un lac de 20 milles de circonférence, navigable aux seuls petits bâtiments de la côte et dont la mer fournissait les eaux. Les autres ports du rivage étaient au nombre de cinq : la Follonica, Castiglione, Grosseto, Port-Ercole[2] et Talamone.

Les rois de Naples avaient hérité des Présides et d'autres territoires italiens des monarques d'Espagne. Cette langue de terre resserrée qui s'étend sur une longueur de trente lieues à partir du golfe de Barcitti jusqu'à la tour delle Graticedare, limite de l'État romain, fait face à Giglio[3] aux confins sud-ouest de la Toscane, c'est-à-dire à environ cent vingt-cinq milles de Florence. Dès le XVIe siècle, elle avait reçu son nom de l'empereur Charles-Quint, qui, lorsqu'il céda le Siennois à Cosme Ier, s'était réservé ce petit État, avec le droit d'y mettre garnison dans les places. Charles-Quint l'avait donné à son fils Philippe II, et des mains de celui-ci il était passé dans la maison des Deux-Siciles. Voilà comment Bonaparte eut à traiter avec les Bourbons de Naples pour en obtenir la possession.

Somme toute, lorsque ses idées furent fixées, il apparut que le but du Consul était d'établir dans la Méditerranée des stations maritimes avancées, destinées à boucher les passages fréquentés par les corsaires barbaresques et les bâtiments anglais, afin de mettre entrave aux insultes des uns et au trafic des autres. Et pour arriver à ce résultat, il suffisait d'armer de quelques canons la citadelle de

1. Arch. de Piombino, registre du conseil et *Storia di Piombino*, par L. Cappelletti. 1 vol. in-8° 1897. Livourne, p. 413 et 414.

2. L'entrée de Port-Hercule est une petite anse resserrée entre deux hautes pointes, surmontées de deux forteresses considérables. Le port était un peu envasé, on pouvait néanmoins y mouiller avec cinq ou six galères.

3. L'île de Giglio, en 1812, avait 1,071 habitants. Située à environ douze milles à l'ouest-sud-ouest de la pointe de l'ouest d'Argentale, elle a environ six à sept milles de long et est très haute ; il y avait une forteresse et quelques maisons de pêcheurs.

Porto-Longone ou la pointe de Rio dite *cap Devoir*, à défaut de l'île de Palmajola ; d'en faire de même à Piombino, comme cela eut lieu d'abord sans tarder, de telle sorte que les feux de ces différentes batteries se croisant dans l'espace des deux lieues et demie formant le canal méditerranéen, entre l'île d'Elbe et le continent, vis-à-vis les ruines de l'ancienne Populonia, du côté de Piombino, devaient, outre les abordages tentés par nos corsaires de Porto-Ferrajo et par les hommes du futur bataillon de Piombino montés sur des tartanes, arrêter sûrement et couler toutes les voiles ennemies s'y aventurant.

Un instant pourtant, les vues du Consul à l'égard de Piombino avaient paru se modifier, puisqu'il songeait à la laisser à de petits souverains ses alliés : témoin d'abord cet extrait que Talleyrand, son porte-parole, transmettait à Clarke en août 1801, lorsque ce général fut nommé ministre plénipotentiaire de la République française à Florence. « Les Présides et la principauté de Piombino auraient pu devenir un jour des objets de mésintelligence entre les cours de Toscane et de Naples. Mais par le traité de Florence du 7 germinal an IX, la France a acquis ces deux pays ; par une convention avec l'Espagne, elle a cédé les Présides au roi de Toscane ; *elle se propose également de lui abandonner Piombino*, soit par voie de cession, soit autrement : ainsi tomberont les entraves qu'opposait à la prospérité intérieure du pays l'intercalation de deux provinces étrangères, et la Toscane n'aura plus rien à démêler avec Naples[1]. »

Ce projet persiste toute l'année 1802. Je n'en veux pour preuve que le passage suivant d'une lettre que le Consul adressait au ministre des relations extérieures Talleyrand, le 11 septembre 1802 (24 fructidor an X) : « ... Y a-t-il dans la principauté de Piombino *que nous allons céder au roi d'Étrurie* quelques forêts ou terres qui soient la propriété du souverain[2] ? » Un peu plus tard, vers la fin d'octobre, ses vues changent : il songe à faire de Piombino, en y annexant les Présides et un arrondissement à prendre sur la Toscane, un établissement continental supplémentaire pour

---

1. Aff. étr. Toscane 153 B, pp. 82, 83 et suivantes. — Voyez aussi sur la même question notre pièce justificative n° V.

2. Aff. étr. Toscane 155, pp. 121 à 130, etc., et *Corresp. de Napoléon*, VIII, 6231, petite édition.

le roi de l'île de Sardaigne. Talleyrand lui recueille à cet égard tous les renseignements. Mais Talleyrand le dissuade le mois suivant, en avançant que Piombino intéresse infiniment la Toscane « pour attirer vers ce port une partie du commerce d'entrepôt de Livourne, qu'il importe à la France de voir affaibli par une telle diversion[1] ».

Cet aperçu le décida et mit fin à ses hésitations, mais non encore aux prétentions de l'Étrurie qui, en vertu du traité d'Aranjuez signé entre l'Espagne et la France en 1802, réclamait non seulement les Présides, mais aussi Piombino. Le cabinet toscan interprétait trop largement cette convention. En effet, la République ne s'était engagée par celle-ci qu'à remettre l'un des deux pays à Louis Ier. « Et ce fut par un témoignage d'amitié qu'elle lui remit de préférence les Présides... et comme équivalent de Piombino[2]. » En février 1803, la question était déjà résolue en principe sans l'être en fait.

Tant de projets sitôt abandonnés que caressés montrent les tergiversations du premier Consul à l'égard de Piombino : aussi cet ancien duché, tout en restant à la France, demeura-t-il jusqu'en 1805 sans organisation bien définie.

Pourtant le gouvernement, avant d'arrêter une décision, voulut se rendre compte des ressources du pays. Il renfermait notamment à Buriano une grande forêt dont les arbres n'avaient pas été coupés depuis plus de deux siècles, par suite d'une contestation de possession entre le seigneur de Piombino et la Toscane, qui durait depuis un temps très long sans jamais aboutir. Dès nivôse an XI (janvier 1803), la belle qualité des bois de cette forêt avait été signalée à Paris et Murat avait insisté pour que ceux-ci fussent réservés à la marine française[3]. Ce désir s'effectua, mais un peu plus tard. Quant au rendement foncier de ce territoire, il était jusque-là presque nul — tout au plus la valeur bien médiocre d'une cinquantaine de mille francs, — les princes Ludovisi, ses possesseurs, n'ayant jamais rien fait pour favoriser la culture et se contentant de vivre mollement à

1. Arch. des Aff. étr. et *Bertrand, Lettres inédites de Talleyrand à Napoléon*. 1 vol. in-8°. Paris, Perrin, 1889, pp. 25 et 28.
2. *Ibidem*. Toscane 155. N° 26. Talleyrand à Clarke, 26 février 1803.
3. Decrès à Talleyrand, 15 nivôse an XI. Aff. étr. 155 (à sa date).

Rome, ou ailleurs, du revenu magnifique des mines de Rio. Encore géraient-ils très mal cette industrie et fournissaient-ils le fer à Naples surtout et à la Toscane pour des prix beaucoup trop bas. Si Piombino avait été ainsi négligé malgré son sol en général favorable à toutes sortes de culture sous son beau ciel, si le dessèchement des marais empêchait seul le pays d'être peuplé et mis en valeur, il faut en rechercher la cause certaine dans la fausse politique du ci-devant prince. Les Ludovisi, en effet, ne voulaient en rien l'enrichissement de la contrée, de peur que les habitants de l'île d'Elbe, malheureux et travaillant aux mines comme des forçats, ne vinssent chercher sur le continent une existence moins dure en exploitant une terre fertile[1]. Telle était l'exacte situation.

D'autre part, jusque-là le ministre des relations extérieures n'avait pu obtenir de renseignements sur ce territoire que par ses agents en Toscane, nommément Belleville, commissaire des relations commerciales de la République à Livourne, et Clarke, son chargé d'affaires à Florence. Si le litige actuel, c'est-à-dire la revendication toscane, n'avait pu encore être élucidé, c'est que ces résidents ne pouvaient assez longtemps séjourner sur les lieux pour en dépouiller les archives et entendre les témoins, retenus qu'ils étaient, eux et leurs subordonnés, qui à Florence, qui à Livourne, par les événements maritimes et politiques journaliers. La guerre avec l'Angleterre et l'état de paix continentale armée ne laissaient pas une minute de répit à leur activité. Les détails qu'ils avaient transmis à Paris ne leur provenaient que d'intermédiaires et de seconde main. Au surplus, quel moyen d'être fixé avec précision sur un pays où le recensement général de la population n'avait jamais été dressé et où cette population variait d'un instant à l'autre d'une manière surprenante, triple en hiver de ce qu'elle était en été, sans règle constante, suivant que l'hiver était pluvieux ou simplement froid, l'été chaud ou humide? Tout dépendait de la hauteur qu'atteignaient les eaux stagnantes, de la vase des marais et des herbes y croissant. C'est pourquoi l'on n'avait pu recueillir que

1. Aff. étr. 155. Rapport de l'attaché à la légation française de Florence, Lignville, daté de Lucques, le 25 germinal an XI (15 avril 1803).

des aperçus approximatifs; encore ceux-ci ne laissaient-ils pas parfois d'être contradictoires.

Pour ces motifs, et afin de bien marquer le droit actuel de souveraineté de la France au vu de l'Étrurie qui demandait toujours la réunion à son territoire [1], l'envoi à Piombino d'un délégué français, chargé d'y établir une direction nouvelle dans l'ordre administratif et civil, s'imposait. Talleyrand en formula la proposition au premier Consul. Dans sa pensée, le commissaire en question aurait pleins pouvoirs; les maires des communes de Piombino, Suvereto, Scarlino, Bariano et Populonia recevraient de lui le mot d'ordre. Il serait également chargé de surveiller les forges, usines et autres propriétés publiques dont jusque-là la gestion, mal dirigée, absorbait la moitié de leurs revenus, d'où de grandes réductions à opérer dans le nombre des employés et dans les frais d'entretien [2].

Pour étudier ainsi Piombino, le jeune Empereur jeta les yeux sur un ancien compagnon d'armes, du temps de ses débuts au siège de Toulon, l'ex-général révolutionnaire Carteaux, « homme sans talents comme sans services, au dire d'un contemporain, élevé par l'intrigue des clubs [3] », peintre distingué à ses heures par surcroît, et qui depuis le Consulat s'était rapproché des idées gouvernementales au point d'avoir ses entrées à Malmaison.

Carteaux était-il le sujet sans services qu'indique « l'envieux et atrabilaire [4] » Chaptal ? Il y a fort à en douter et l'excuse du censeur ici fut peut-être d'ignorer certains faits. En 1793, Carteaux

1. Aff. étr. Toscane 156. Nos 160 et 186. Le général Gravina, ambassadeur d'Espagne. Paris, 21 juillet 1804, au ministre des rel. ext. et autre lettre au même du 17 septembre 1804.

2. Aff. étr. Toscane 154. No 193. Rapport au premier Consul.

3. *Mes souvenirs sur Napoléon*, par le comte Chaptal. 1 vol., pages 190, 192. Cette opinion est confirmée par le sens d'une lettre peu connue de Saliceti, commissaire près l'armée dirigée contre les rebelles du Midi, au Comité de salut public, en date du 26 septembre an II, Quartier général d'Ollioules. (*La Révolution française*. Numéro du 14 avril 1891, pp. 374, 375 et 376.) — Barbier et Beaumont, dans leur *Galerie militaire*, font l'éloge de son talent de peintre ; il était élève de Doyen ; on a pu voir de lui en 1895, à l'*Exposition de la Révolution et de l'Empire*, un petit portrait du directeur Carnot. — Le musée de Versailles expose (salle nouvelle de la Révolution) un bizarre portrait du roi Louis XVI, portant la cocarde tricolore au chapeau et représenté *à cheval* grandeur naturelle. Cette toile, non dépourvue de qualités, est datée de 1791 et signée comme suit : *Carteaux, peintre du Roi, officier de la cavalerie nationale parisienne*.

4. Expressions par lesquelles Lucien dans ses mémoires (édition Iung), III, 95, caractérise son heureux successeur au ministère de l'Intérieur. Les *Mémoires de Chaptal*, parus récemment, ne semblent pas infirmer la vigueur du langage de Lucien.

CARTEAUX

ARTISTE PEINTRE ET OFFICIER GÉNÉRAL

(1751-1813)

avait sauvé la vie au beau-frère de Joseph, M. Clary, en l'arrachant aux comités révolutionnaires de Marseille, en le prenant avec lui à son quartier général pendant trois mois et en lui faisant partager sa table. Trois témoins, non des moins qualifiés, le savaient : Napoléon, Joseph et Saliceti. Comme l'écrivait plus tard Carteaux lui-même à Élisa, « ... à cette époque sauver une victime c'était s'offrir à sa place. » Aussi, après Toulon, Carteaux avait-il été huit mois sous les verrous à la Conciergerie « pour avoir empêché une Vendée dans le Midi [1] ».

Cette conduite vis-à-vis des Bonaparte méritait de la reconnaissance de leur part. En outre, par égard pour son âge [2], sa bonhomie et ses efforts au 13 vendémiaire, le premier Consul, qui ne l'avait pas oublié — puisqu'en 1800 nous le trouvons à Liège dans le nouveau département de l'Ourthe, commandant la 25e division militaire, — lui avait fait donner en 1801 le poste assez lucratif d'administrateur de la Loterie, une gratification de 13,000 fr. le 8 février 1804, puis une pension de 3,000 fr. à la fin de cette même année [3], en attendant qu'il pût, avec sa fortune croissante, l'utiliser dans une fonction plus relevée.

L'occasion lui fut fournie par le besoin qu'il eut, en 1804, d'un homme dévoué pour le renseigner sur Piombino. Pressenti à cet égard, Carteaux accepta. Aussi, le 22 fructidor an XII (9 septembre 1804), un décret impérial signé à Aix-la-Chapelle, nomma le général divisionnaire « réformé » Carteaux, administrateur des États de Piombino. Les articles de ce décret disaient que Carteaux aurait en cette nouvelle qualité un traitement de 15,000 fr., payable sur les revenus du pays et par ordonnancement du ministre de l'intérieur, qu'enfin il devait correspondre avec le général commandant l'île d'Elbe, pour tout ce qui concernait la sûreté et la police militaire.

A son débarquement à Piombino, Carteaux trouva installé dans

---

1. Carteaux à Élisa, 12 avril 1806. Arch. Lucq. *Lettere private*, registre 191. *Inédit*.

2. Né en 1751, à Allevau (Forez), J. F. Carteaux avait, en 1803, 52 ans ; il n'exerçait plus de service actif, passé qu'il était dans le cadre de réforme. Il existe un portrait de Carteaux daté de quelques années auparavant, gravé par I. I. F. Tassaert, citoyen français, d'après le dessin de la citoyenne Boze. C'est une reproduction de ce portrait que nous mettons ici sous les yeux du lecteur.

3. *Napoléon inconnu*, II, 478.

cette ville le capitaine d'état-major Brulon, délégué depuis 1801 par le général Jourdan que Bonaparte avait appelé à l'administration du Piémont l'année précédente. Brulon, qui succédait lui-même au chef de bataillon Blondeau, envoyé le premier sur les lieux, puis aussi au capitaine Jean Blanc, dont il a été parlé, était chargé à Piombino du gouvernement, et il avait accompli déjà quelques réformes. C'est ainsi que dès l'année précédente 1803, il avait supprimé les anciennes vicairies judiciaires, et que le 3 novembre dernier il avait approuvé ou même rédigé le nouveau règlement pour les municipalités [1].

Carteaux imprima un nouvel essor à ces réformes. Dès ses débuts, il s'entoura d'un conseil de cinq membres, choisis parmi les habitants, s'occupa d'organiser les municipalités [2], le culte, les douanes, le budget, prononça des sentences de justice dans les différends administratifs, enfin tint registre de tous ses actes très régulièrement [3]. Comme il savait qu'on avait tâché jusque-là de cacher au gouvernement français le véritable état de la forêt de Buriano [4], afin de pouvoir lui en soustraire une partie, Carteaux eut soin de la parcourir lui-même et d'en examiner minutieusement le contenu, plans en mains.

Arrivé à son poste le 22 vendémiaire an XIII (14 octobre 1804), Carteaux adressa bientôt au ministre de l'intérieur ses premiers rapports. On lit en effet ceci dans une note émanant du ministère à l'Empereur, en date du 8 frimaire an XIII (29 novembre 1804) : « Cet administrateur (Carteaux) s'est fait rendre compte de l'état des bois existant dans l'île de Piombino ; on peut en couper en ce moment pour 231,500 fr. ; mais il faut observer que le duc de Toscane prétend avoir des droits sur une partie de ces bois ; que ses prétentions sont mal fondées, d'après les titres trouvés dans les archives du seigneur particulier de Piombino ; mais que jusqu'à présent elles ont empêché l'exploitation de ces bois ; qu'ils dépé-

1. Archives communales. Piombino, 130.

2. Arch. com. di Piombino (à la mairie). *Memorie relative al regime municipale introdotto nel principato di Piombino dal generale Carteaux 1805.*

3. Ce registre, qui est conservé aux Archives nationales de Paris, va du 23 septembre 1804 au 8 mai 1805 (AF[IV], 1716).

4. Nom d'un petit village qui comptait 235 habitants en 1811.

rissent et qu'il serait instant de faire régler les droits de la France sur cette propriété. L'administrateur pense que ces bois doivent être équarris sur place pour éviter les frais de transport des bois défectueux. Il demande en conséquence que le ministre de la marine soit chargé d'envoyer sur les lieux des ouvriers instruits. L'administrateur propose d'exempter le pays de Piombino de l'inscription maritime et de la conscription. Le service de ces arrondissements se ferait par le port de Toulon; à défaut, l'administrateur demande à être autorisé à noliser les bâtiments napolitains ou liguriens.

« Il propose d'établir à Piombino un chef des mouvements maritimes, chargé en même temps de surveiller la coupe des bois et leur embarquement, et il désigne pour ces fonctions le capitaine de frégate La Coudraye, qu'il croit beaucoup moins utile à l'île d'Elbe qu'il ne le serait dans celle de Piombino. L'administrateur se plaint de la malveillance d'un sieur Perrier, envoyé à Piombino en qualité de sous-inspecteur forestier, qui, assure-t-il, a annoncé dans l'île que le gouvernement français ne percevrait plus les fermages ni les produits des bois et que les gardes forestiers seraient augmentés de 500 fr. à 900 fr.

« L'administrateur a joint à l'une de ses lettres du 10 brumaire : 1° un plan topographique très détaillé ; 2° un état des bois ; 3° un mémoire sur les droits de la France à la propriété des bois que la Toscane contestait au seigneur de Piombino. Je supplie S. M., etc...[1]. »

La mission de Carteaux ne finit pas tout de suite. Il reçut l'ordre de continuer à recueillir des informations pour les transmettre à Paris. Carteaux y employa cinq mois à partir du milieu d'octobre 1804. De son quartier général de Piombino, « le 20 ventôse, l'an Ier de l'Empire, 13e année républicaine » (11 mars 1805), il datait un rapport encore plus approfondi, rédigé d'après le dépouillement des archives du prince et celles du vieil intendant, qu'il avait traduites en français. Il signalait, en envoyant des plans à l'appui, que dans un temps où le plus fort faisait la loi, la Toscane ayant envahi la presqu'île, qu'elle considérait comme sa vassale, s'était

---

1. Arch. nat. F[1], 205.

emparée de plusieurs portions de son territoire, et que notamment une montagne ayant sept milles de long sur quatre milles de large aux deux extrémités, allant de la pointe de la Troya jusqu'aux bois de Buriano, était susceptible de revendication. Il accompagnait ses dires des actes passés entre le grand-duché et le prince, et mentionnait d'autres enclaves appartenant à des particuliers, comme pouvant également donner lieu à des reprises. Piombino enfin avait un développement de côtes de quarante-cinq milles. Carteaux y annonçait l'existence à l'intérieur d'une mine de plomb, d'une de terre étrusque, d'une autre de soufre, sans compter trois ou quatre mines d'alun bien connues et de forêts immenses contenant de très beaux bois de construction. Il terminait en adressant par le même courrier au ministère du Trésor public 30,000 livres d'argent de Toscane. « C'est beaucoup dans *ce moment des fièvres* et surtout ayant trouvé 24,000 livres de dettes pour fonds de caisse [1]. »

Joignant les actes aux paroles, Carteaux ne tardait pas à affermer les mines d'alun à une compagnie Gabrieli et Cassini, moyennant 30,000 livres annuelles de Toscane. Toujours au nom du gouvernement français, il passait un bail de quinze ans avec un particulier pour les *magones* [2] ou forges du port de Follonica et dépendances qui tirent leurs minerais de l'île d'Elbe : bref, il se conduit comme un bon et loyal serviteur de sa patrie.

Le 15 germinal an XIII (9 avril 1805), Carteaux adressait à la nouvelle souveraine du pays, Élisa Baciocchi, une lettre où l'on trouve ces passages intéressants : « ... En attendant, Madame, recevez mon compliment sur le cadeau que S. M. l'Empereur vous a fait de la principauté de Piombino. *C'est un diamant brut dont vous tirerez parti, et qui dans vos mains deviendra précieux lorsqu'il sera taillé.* Vos richesses sont dans les entrailles de la terre et personne ne peut les enlever, indépendamment de plus de 40,000 saccates (*sic*) de bois.

« ... J'ai mis toutes vos archives en sûreté et à l'abri d'un coup de main de la part de l'ennemi. »

---

1. Arch. nat. *Inédit.*
2. *Magona*, haut fourneau.

Il se tient en outre à la disposition de S. A. pour lui servir de guide dans ses États, mais, désireux de s'en aller, car il a fini ses explorations, il conseille à Élisa d'attendre, vu la mauvaise saison qui s'approche (celle de la fièvre), le mois de novembre suivant.

Ce même jour, le gouverneur provisoire envoyait copie de ses rapports aux ministres de l'intérieur et de la guerre, à Lespérut, secrétaire des commandements de la princesse, en réponse à une lettre du 29 ventôse (20 mars 1805) que celui-ci lui avait écrite au nom de S. A. pour lui demander des détails sur la contrée.

Mais déjà, et au fur et à mesure qu'il avait connu ces détails et qu'il avait pesé les avantages de la position de Piombino et d'un établissement en Toscane, l'Empereur s'était arrêté à l'idée d'incorporer ce territoire dans son système fédératif d'États vassaux de la France, comme il allait le faire du même coup pour l'ancienne Cisalpine, qu'il érigea en royaume, et peu après pour Lucques.

Quant aux Présides remis à l'Étrurie, notre alliée (du moins supposée telle et pour cause), c'était un pays bas, malsain et partant peu peuplé, pauvre, exonéré d'impôts par les anciens souverains, plus éprouvé encore que Piombino par la *mal'aria*. Ses plaines, malgré leur bonne qualité naturelle, étaient pour la plupart incultes et couvertes de makis, parce que les anciens souverains ne s'étaient jamais souciés d'y soutenir l'agriculture. Aussi Clarke écrivait-il sur ce pays en mai 1803, dans une note destinée à passer sous les yeux du premier Consul : « Il faut convenir qu'une des principales causes des dépenses extraordinaires des Présides se trouve dans la mauvaise administration tant civile que militaire, mais elle existe aussi dans le manque d'industrie des habitants, dans leur insouciance et dans leur paresse ; ce n'est qu'avec des réformes et en faisant encore des dépenses considérables, en établissant des manufactures et en encourageant l'agriculture que l'on peut espérer d'augmenter les revenus de l'État des Présides et d'en diminuer les charges[1]. »

---

1. Aff. étr. Toscane, 155, p. 146.

Ses 3,500 habitants[1] entassés entre la mer et le lac d'Orbitello, vivaient principalement de pêche et de navigation. Ils s'y livraient au commerce des bois de construction et du thon salé qu'ils expédiaient par leurs deux petits ports à l'île d'Elbe, dont ils recevaient des vins et se faisaient remarquer par leur bravoure à seconder la garnison contre les tentatives barbaresques.

Maints d'entre eux, par le nom comme par le type ibérien, y rappelaient encore à l'observateur l'époque de l'établissement espagnol. Des colons de cette nationalité, en effet, y avaient fait souche sous Charles-Quint et Philippe II, et de ce mélange des sangs était résultée une race ayant du caractère.

Avant la conquête de 1801, les Présides avaient pour toute garnison, hormis les officiers, 900 hommes, la majeure partie en troupe de ligne napolitaine. Le reste était fourni par un bataillon de volontaires nationaux composé de 350 jeunes gens du pays appelés au service des forts. Un général Cusani y commandait jusqu'à 1801, recevant ses ordres et les subsides de Naples par Gaëte, située à environ 30 heures de traversée[2]. C'est là au centre de cette péninsule que se trouvait le mont Argentaro ou Argentale, où l'Empereur devait établir un vaste camp d'instruction quelques années plus tard.

En résumé, les anciens Présides royaux étaient, suivant le ministre étrurien Mozzi, un don plus onéreux qu'utile, à ne les envisager que sous le côté rendement, puisque, d'après le même personnage, leur revenu montant environ à onze mille ducats était même insuffisant pour salarier les fonctionnaires nécessaires à leur entretien[3] et que, selon un autre témoignage, les Présides coûtaient au roi de Naples plus de soixante-dix mille ducats par an. Mais ils offraient pourtant de l'importance par leur situation géographique, comme point d'appui pour nos vaisseaux. Ils complétaient en effet nos défenses avancées dans l'archipel toscan tout en couvrant Livourne, l'île d'Elbe, la Corse et les ports alliés ou français de Livourne, de Gênes et de Marseille.

---

1. Orbitello, en 1801, en comptait déjà 1,988.
2. Rapport manuscrit du chef de bataillon Blondeau, chargé de reconnaître le pays, à Berthier, Florence, 25 floréal an IX (15 mai 1801). [Armée d'observation du Midi.]
3. Aff. étr. Toscane, 154. Clarke à Talleyrand, 3 germinal an X.

En outre, sur les côtes et souvent là précisément où l'installation de batteries allait rencontrer des difficultés, les écueils ne manquaient pas, à savoir à deux milles nord-est d'Argentale par exemple, non loin aussi de Port-Hercule, les roches sous l'eau, puis les roches dites *formigues* de Monte-Cristo, très dangereuses, parce qu'en temps de calme les courants y portent; de même, les formigues de Talamone.

La position de l'archipel, qu'on allait armer de canons, constituait donc un sérieux obstacle naturel déjà très redouté des navigateurs au cours des âges. Les Anciens la connaissaient et ne s'y aventuraient jamais sur leurs galères sans pilotes hauturiers. Pour toutes ces raisons, les Présides nous assuraient enfin avec les havres et forteresses de Longone et de Porto-Ferrajo ou, à leur défaut, avec Piombino seulement, la côte d'Italie, de Nice à Civita-Vecchia, surtout dans la partie toscane, sans qu'un bâtiment anglais pût en guerre y aborder autrement qu'en flotte. C'est à ce titre si utile à ses entreprises maritimes que le premier Consul, toujours préoccupé de donner à la France toute prépondérance sur l'Angleterre — témoin encore, à cette même époque, l'occupation de la République batave par les troupes françaises — c'est à ce titre, dis-je, que Bonaparte y attachait du prix.

A vrai dire, après Lunéville, le premier Consul, par esprit de concession, croyant d'ailleurs au maintien durable de la paix, ne les disputa pas à l'Étrurie qui les réclamait. Les Présides avaient d'autre part pour la Toscane une grande valeur de convenance, et leur annexion à cet État détruisait une enclave gênante et lui rendait une frontière naturelle. La convention signée à Madrid avec la France les céda en l'an IX à la Toscane.

Bonaparte se contenta de placer à Giglio un vice-consul dépendant de celui de Livourne. A la fin de 1803, c'était un citoyen Sébastien Lambardi, natif de Porto-Ferrajo; il avait publié en 1791 un mémoire assez médiocre sur l'île d'Elbe; mais il remplissait actuellement ses fonctions avec honneur. Aussi bien en 1803, la France comptait imposer à l'Étrurie, sa création, une surveillance active des côtes, par des détachements de canonniers. Le cabotage entre l'île d'Elbe et le continent, rendu important par les minerais de Rio, qui se traitaient en grande partie à Piombino, le commerce d'échange et surtout nos importations en Corse avaient absolument besoin d'être protégés pour exister. Le nouveau gouvernement d'Étrurie, confédéré de la France, devait donc organiser une surveillance. Il s'en acquitta fort mal, si même il s'en soucia [1]. Aussi celle-ci n'ayant pour ainsi dire pas été observée de 1801 à 1807, dans une période où la guerre maritime ne tarda pas à se rallumer par suite de la mauvaise foi des Anglais, on peut dire que ce sera seulement en 1808, lors de l'annexion de la Toscane à l'Empire, que les Présides, laissés jusque-là par la France à l'ex-infante de Parme (en compensation de Piombino que son gouvernement réclamait depuis 1801 et 1802 [2]), recevront des garnisons sérieuses et rempliront leur rôle militaire.

Pièces justificatives.

I

Lorsque les Pisans étaient maîtres de la Corse, l'isle d'Elbe, qui n'en est éloignée que de treize à quatorze lieues, et qui semble, ainsi que Capraja, en être une dépendance naturelle, leur était également soumise. Jusques-là toutes trois avaient subi presque toujours le même sort. Mais les Corses ayant secoué le joug, Capraja, qui n'était d'aucun rapport, fut abandonné par la république de Pise, et le petit nombre de pêcheurs qui l'occupait se réunit aux Corses, dont il ne fut plus séparé jusqu'à l'époque du traité fait par le ministre Choiseul avec les Génois pour la cession de la Corse à la France.

Quant à la prétendue souveraineté de l'Elbe, après avoir été envahie successivement par l'empereur Ferdinand II, cédée à Philippe IV, vendue par lui à Ludovisio, avec réserve d'y conserver garnison, Boncompagnon de Bologne, élu pape en 1585, et qui prit

---

1. Voyez notre ouvrage *Le Royaume d'Étrurie (passim)*.

2. D'Azara prétendait en 1801 (lettre du 12 avril à Talleyrand Aff. étr. 153ª, 181, 182), qu'en vertu du récent traité d'Aranjuez (du 21 mars précédent), signé entre l'ambassadeur de la République française et l'Espagne, Piombino avait été cédé au nouveau souverain de Toscane en compensation de Porto-Ferrajo et de son district. Les deux pays s'entendirent un peu plus tard, la France livrant les Présides à Louis Ier, mais gardant Piombino.

le nom de Grégoire XIII, en fit l'acquisition quelque temps après pour Jacques Boncompagnon, son fils naturel, qu'il fit en même temps prince de Piombino, de Sora, etc..

... C'est de Jacques, fils du pape Grégoire XIII, que proviennent tous les princes et princesses de Piombino, qui sont regardés comme souverains de la ville de Piombino et dépendances, dont l'Elbe fait partie, et c'est au nom de cette famille que les jugements se rendent encore dans la généralité de cette isle.

Par des convenances et des arrangemens particuliers, le roi de Naples, au nom de celui d'Espagne, a voulu étendre son droit de garnison à celui de propriété. Le vouloir et le faire n'ont été qu'un seul et même acte. La maison *Boncompagnon* n'avait plus de pape pour la soutenir et la forteresse de Porto-Longone fut élevée sur un immense rocher, qui domine une anse assez vaste pour abriter plusieurs vaisseaux.

Cet exemple donna aux ministres du grand-duc de Toscane l'idée de rappeler le souvenir de la cession faite par l'empereur Ferdinand à Philippe. Il demanda un local pour les pêcheurs attachés à des madragues établies par les négociants ses sujets, et bientôt il fit construire Portoferrajo. Les possessions des *Boncompagnon* furent dès lors bornées, sous le canon de deux places nouvelles, à quelques petits villages, tels que Mariana, Campomaro et Rio. C'est dans le territoire de cette dernière commune que se trouvent les superbes usines de fer. L'exploitation s'en fait en plein air. Le minerai, dont les variétés brillantes dans ses formes et le coloris offrent mille phénomènes au naturaliste, s'y détache de la montagne même dont il forme le massif. Il alimente, malgré la mauvaise exploitation, les forges de Corse, celles de la Rivière de Gênes, de Toscane et de la Romanie, qui fournissent à très bas prix la plupart des fers et des ouvrages en fer que consomment les départemens du Midi.

L'auteur de cette notice avait, il y a seize ans, proposé de marier ces mines avec les forêts de Corse, et, autorisé par le ministre Turgot, s'était à cet effet rendu à Rome pour traiter cette affaire. Mais quoiqu'il offrît des avantages pécuniaires à la princesse de Piombino, elle n'osa les accepter, parce que les agens de Naples et de Rome en conçurent de l'ombrage.

Il ne s'agit plus aujourd'hui d'une spéculation de finance. L'Elbe a servi de repaire aux Anglais; ils y reviendront chaque fois qu'ils voudront nous inquiéter en Corse, nous empêcher d'en exploiter les admirables forêts, et ruiner le commerce naissant de ces insulaires.

Les *Boncompagnon* étaient Bolonais et sujets des papes : leurs droits de souveraineté factices sont évanouis, ils sont à notre disposition : l'Elbe doit être libre.

Maître de ses mines, moyennant une rente aux *Boncompagnon*, le gouvernement français en dirigera le produit brut vers la Corse, où de nombreuses fabriques, utilisant les bois, amèneront dans cette île l'aisance que le commerce seul peut y introduire, et feront connaître plus que jamais à ses courageux habitans, les avantages de faire partie de la grande Nation, dont ils ont su si vaillamment soutenir les droits.

CADET.

(*Maison Marigny, place du Louvre.*)

N. — Par suite du traité fait avec Gênes pour la Corse, la petite île de Capraja pourra faire, comme l'Elbe, partie du département du Golo. Les Caprajens sont excellens marins, et meilleurs qu'aucun de ceux de la Méditerranée pour la sûreté de la correspondance de Corse en France.

Aff. étr. 153[A], p. 276, 277 (n° 185).

II

ÉGALITÉ. LIBERTÉ.

A Livourne, ce 18 ventôse de l'an 9 de la République française, une et indivisible (9 mars 1801).

2e DIVISION. N° 48.

(*Extrait.*)

Expédition sur l'Égypte.

BELLEVILLE, COMMISSAIRE GÉNÉRAL DES RELATIONS COMMERCIALES DE LA RÉPUBLIQUE FRANÇAISE ET CHARGÉ DE SES INTÉRÊTS EN TOSCANE AU CITOYEN MINISTRE DES RELATIONS EXTÉRIEURES.

. . . .

Portoferrajo a été évacué par les Napolitains; mais les habitans n'en avoient point encore hier renvoyé les Anglais. Le général Murat se propose d'attaquer bientôt cette place ; il fait préparer à Piombino des bâtimens de transport. Je crois cependant qu'il recevra la soumission de toute la partie toscane de l'Isle d'Elbe, avant que ses préparatifs soient achevés ; j'envoyai hier à Florence le citoyen Lambardi lui porter tous les renseignemens qu'il pouvoit désirer sur la situation militaire du pays, et l'esprit public de ses habitans.

Le Général Murat m'écrivit hier que la flotte du contre-amiral Ganteaume avait été vue à la hauteur de la Sicile, et que l'on assuroit que les Anglais avoient débarqué entre Rosette et Damiette. Ces doubles rapports méritent confirmation ; ils ne sont appuyés d'aucun détail qui puisse lui mériter quelque croyance.

Je vous salue.

BELLEVILLE.

Aff. étr. 153A, p. 172, 173 *verso* (n° 105).

III

ÉGALITÉ. LIBERTÉ.

A Livourne, ce 7 prairial de l'an 9 de la République française, une et indivisible (27 mai 1801).

BELLEVILLE, COMMISSAIRE GÉNÉRAL DES RELATIONS COMMERCIALES DE LA RÉPUBLIQUE FRANÇAISE ET CHARGÉ DE SES INTÉRÊTS EN TOSCANE

DIVISION. N° 75. AU CITOYEN MINISTRE DES RELATIONS EXTÉRIEURES.

J'ai reçu, citoyen Ministre, avec votre lettre du 24 floréal, les deux exemplaires y joints du Traité de Paix conclu à Lunéville. J'en ai transmis un exemplaire au gouvernement toscan conformément à votre ordre dont je lui ai donné connaissance.

La place de Portoferrajo n'est point encore rendue. Le général Tharreau qui commandoit sur l'isle d'Elbe depuis le 13 floréal, est revenu hier ici. La suite du siège est confiée au chef de brigade Mariotti.

Je vous salue. BELLEVILLE.

Aff. étr., 153A, p. 279 (n° 187).

IV

ÉGALITÉ. LIBERTÉ.

A Livourne, ce 14 floréal de l'an 9 de la République française, une et indivisible (4 mai 1801).

Extrait pour le 1er Consul le 1er prairial.

1re DIVISION. N° 66.

BELLEVILLE, COMMISSAIRE GÉNÉRAL DES RELATIONS COMMERCIALES DE LA RÉPUBLIQUE FRANÇAISE ET CHARGÉ DE SES INTÉRÊTS EN TOSCANE AU CITOYEN MINISTRE DES RELATIONS EXTÉRIEURES.

J'ai reçu, citoyen Ministre, votre lettre du 21 germinal n° 7.

Ma situation est la même avec le gouvernement toscan; les gazettes vous informeront des évènemens qui se sont passés à Livourne.

L'escadre aux ordres du contre-amiral Ganteaume a paru à la vue de ce port le 11 ; j'ai été le rejoindre à 15 milles en mer, je l'ai informé de la situation de l'isle d'Elbe, et le contre-amiral s'y est porté de suite.

Le jeune frère du Premier Consul a été à Florence voir le général Murat, il s'est rembarqué hier ici pour rejoindre l'escadre qui entoure l'isle d'Elbe[1].

Vos ordres sur les primes à accorder pour les expéditions d'Égypte, m'étoient très nécessaires. J'avois pensé, d'après la lettre que le ministre de l'Intérieur m'avoit écrite directement, que ces primes devoient être promises indistinctement à tous ceux qui expédieroient des marchandises ou des armes en Égypte. Je l'avois dit seulement, mais je n'avois pris aucun engagement et les circonstances dans lesquelles le port de Livourne et les négocians de cette place se sont trouvés et se trouvent encore aujourd'hui, n'ont pas permis jusqu'à présent de préparer aucune spéculation.

Un nouvel incident retardera même encore les opérations de ce genre ; depuis quelque tems on employoit les moyens très actifs de la presse pour avoir des marins et hommes de peine pour transporter des troupes sur l'isle d'Elbe. L'arrivée de l'escadre française a fait redoubler les recherches, et on a enlevé tous les individus qui ne se sont pas cachés ; un bâtiment dont l'équipage s'étoit absenté a été brûlé ; mais comme on croit que les hommes pressés seront placés à bord des vaisseaux et transportés avec eux, la frayeur fait fuir tous ceux qui craignent d'être arrêtés.

Les Liguriens, les Toscans, les Napolitains, les Corses, les Ragusais sont pris indistinctement ; cette mesure, nécessaire sans doute, m'attire de nombreuses réclamations que je dois renvoyer à l'autorité militaire.

La lettre ci-jointe que je reçois du citoyen Lambardi vous informera que deux frégates anglaises et plusieurs bâtimens légers ont eu le temps d'échapper à l'escadre française ; on assure ce soir que Portoferrajo a capitulé ; nous ne pouvons en avoir la certitude que demain matin. 800 hommes, venus de Corse, ont débarqué le 11 à Longone.

Je vous salue. BELLEVILLE.

Aff. étr. 153A, p. 253, 254 (n° 167).

---

1. Ce voyage du jeune Jérôme à Florence était jusqu'ici resté ignoré de ses biographes.

V

DÉPARTEMENT de la GUERRE.
N° .
Bureau des opérations militaires.

RÉPUBLIQUE FRANÇAISE.

ÉGALITÉ. LIBERTÉ.

LE GÉNÉRAL EN CHEF DE L'ARMÉE D'OBSERVATION DU MIDI AU MINISTRE DE LA GUERRE.

Au quartier général de Florence, le 5 thermidor an 9 républicain (2 août 1801).

Citoyen Ministre,

Le traité conclu avec la cour de Naples porte que les Présides et la Principauté de Piombino sont cédés à la République française.

Les Présides, pays marécageux, stérile et malsain, au lieu d'être une possession utile au Gouvernement napolitain, lui coûtaient, chaque année, des sommes très-considérables, pour le payement des employés qu'il était obligé d'y entretenir, et pour les secours que réclamait sans cesse une population misérable, sans commerce et sans industrie. Ce sacrifice n'était compensé par aucun avantage réel. Je ne vois pas que la France puisse tirer de ce pays une utilité plus grande, et j'avais pensé qu'il serait donné au roi de Toscane, qui seul peut avoir intérêt à le posséder, comme enclavé dans ses États. Je vous prie de me faire connaître à ce sujet les intentions du Gouvernement.

La cession faite par le roi de Naples de la *Principauté* de Piombino peut donner lieu à une difficulté assez importante. Le roi n'avait que la haute souveraineté, la suzeraineté de ce pays; le domaine utile, la *Principauté* et tous les revenus qui y sont attachés, appartenaient au prince de Piombino, qui se trouve actuellement à Rome.

L'intention du Gouvernement français a-t-elle été de se faire céder par le roi de Naples seulement ce qui lui appartenait, c'est-à-dire la haute souveraineté, ou de se faire céder le Domaine utile, la *Principauté,* sauf au roi à indemniser le prince de Piombino?

En faveur de la première opinion, on peut dire que nul ne peut disposer de la propriété d'autrui. On peut appuyer la seconde sur le principe de droit privé et de droit public que celui qui traite d'une propriété étrangère contracte l'obligation d'en faire jouir celui à qui il l'abandonne, en désintéressant le vrai propriétaire.

Le traité de Paix interprété dans ce dernier sens, peut assurer à la

France une propriété précieuse dans l'île d'Elbe, dont la mine de fer est une des plus riches du monde et paraît inépuisable. Le Prince en retirait annuellement environ quatre cent mille francs, et l'on assure qu'une bonne administration pourrait doubler ce produit.

La partie continentale de la Principauté de Piombino donnait au Prince environ soixante-dix mille francs. Ce revenu était le produit de quelques propriétés foncières, de quelques usines, comme moulins et ateliers pour le travail du fer, des droits perçus sur les bâtimens qui passaient dans le canal de Piombino, et de quelques légères contributions territoriales payées par certains cantons. Ce pays, couvert d'eaux stagnantes, et peu cultivé, pourrait être facilement rendu productif par des desséchements, s'il était possédé par le roi de Toscane, qui, par son voisinage, aurait plus de moyens de l'améliorer que tout autre souverain.

Jusqu'ici, le commandant a disposé, pour l'entretien de la troupe, et pour ses dépenses, du produit de la mine d'Elbe, produit en ce moment peu considérable, parce que les travaux avaient été, depuis quelque temps, presqu'entièrement abandonnés. Je vais donner des ordres pour qu'il me soit rendu compte, jusqu'à de nouvelles dispositions, des revenus du Prince en terre ferme. Je vous prie de demander au Gouvernement une décision positive, et de me la faire connaître.

Salut et respect.

Signé MURAT[1].

1. Lettre inédite.

Nancy, imprimerie Berger-Levrault et Cie

www.ingramcontent.com/pod-product-compliance
Ingram Content Group UK Ltd.
Pitfield, Milton Keynes, MK11 3LW, UK
UKHW032014260826
14628UKWH00005B/2496

9 782013 365185